L6
1986

PURS & IMPURS

ou

L'IMBÉCILITÉ

DES BADAUDS DE PARIS

DÉVOILÉE

pour 25 centimes

PAR

M. JOSEPH PRUDHOMME

Typ. Turän et Ad. Juvet. Cour des Miracles, 9.

JOSEPH PRUDHOMME

PURS & IMPURS

ou

L'IMBÉCILITÉ

DES

BADAUDS DE PARIS

DÉVOILÉE

pour 25 centimes.

ARMAND LÉON & Cⁱᵉ

21, rue du Croissant, Paris.

PETITE

PARABOLE

—

Il y avait une fois un vaste Cirque dont les récompenses étaient si flatteuses, que les concurrents y venaient de tous les points du globe pour s'ennoblir par le travail.

Les uns avaient du talent, quelques autres de la vertu, le plus grand nombre était doué d'une persévérance à toute épreuve; mais l'on n'exigeait d'eux que du courage et de l'honnêteté.

Et ces athlètes luttaient sous les yeux de la foule qui s'intéressait à leurs ébats, et les applaudissait... quelquefois.

Telle était, telle devait être la république des lettres.

Ce beau tournois dégénéra bientôt en véritable champ clos, l'ordre devint de la mêlée ; les luttes corps à corps se changèrent en pugilats.

Furieux des succès des forts, les faibles, qui ne pouvaient mettre leurs crocs que dans les jambes de leurs rivaux, recoururent à la ruse.

Et ce furent les plus applaudis !...

Alors d'autres champions, qui n'avaient pas été reconnus dignes d'entrer dans la lice, et qui jalousaient les palmes d'or des vainqueurs, s'assirent lâchement sur les talus du Cirque et se mirent à injecter de leur salive les corps nus des combattants, espérant ainsi les intimider et arriver à les forcer à partager avec eux les bénéfices qu'ils tiraient de leurs travaux.

On rit d'abord de ces gamineries ; mais on ne prit pas trop garde à leurs auteurs.

Se sentant encouragés par le mauvais instinct du public, ils continuèrent leurs crachotteries et commencèrent à mêler à leur bave les détritus de toutes sortes qu'ils ramassaient sur les

tas d'ordures, en accompagnant le tout de gen-
tilhommeries extraites du cathéchisme poissard.

Alors les assistants ne prirent plus la peine de
cacher leur jubilation. Quelques-uns, il est vrai,
détournèrent la tête avec dégoût; mais le plus
grand nombre, enchanté de voir pleuvoir les
projectiles immondes sur ceux-là même qu'il
applaudissait la veille, avec cette arrière-pen-
sée jalouse qui est l'apanage des masses, se mit
à pousser des hurrahs de triomphe.

Les athlètes, trop occupés au combat pour
s'apercevoir des vilonies qu'on déposait sur
eux, ne s'escrimèrent que plus vaillamment, s'i-
maginant bénévolement que les acclamations
étaient à leur adresse.

Ce qaiproquo poussa jusqu'au délire la joie
des spectateurs.

Et les pitres jeteurs de boue, encouragés par
les gros sous des imbéciles qu'ils amusaient,
innondèrent l'arène de toutes les scories qui leur
tombaient sous la main.

Quelques athlètes trébuchèrent, et la portion
haineuse de la galerie se frotta les mains.

Alors le *dévouement* des orduriers ne connut

p lus de bornes. Avec l'argent qu'on leur donnait ils se nourrirent de poison pour le vomir
sur les plus remarqués des combattants.

Cette *distraction* devenue un métier lucratif,
les salisseurs firent école, et il y eut des jeteurs
de boue autour de ce noble Cirque, comme il y
eut autrefois à Rome des insulteurs publics
chargés de rappeler aux héros qu'ils n'étaient
que des hommes.

Bien plus, les assistants eux-mêmes, se blasant
dans leur amusement ordurier, se mirent de la
partie. Ils charroyèrent la boue des ruisseaux
jusque sur les talus du Cirque pour la mettre plus
à portée des goujats qui acquirent alors une certaine adresse à la lancer aux bons endroits.

Puis l'ordre se fit dans ce désordre. On organisa des chaînes, et les empoisonneurs publics
n'eurent plus que la peine d'allonger le bras
pour frapper les travailleurs.

Voilà où nous en sommes, voilà la pente glissante que descend maintenant le char du progrès.

Il est temps que les honnêtes gens s'attelent

derrière pour qu'il ne disparaisse pas tout-à-fait dans le gouffre.

Voilà pourquoi je veux poser mon caillou sous la roue conductrice de ce vélocipède.

Voilà pourquoi j'éprouve le besoin de t'adresser, à toi public qui possèdes si bien la force d'inertie et qui sais si peu t'en servir, des vérités qui ne sont pas agréables à dire, mais qui assurément seront bonnes à entendre.

MONSEIGNEUR LE PUBLIC

Jusques à quand — ou *Quousque tandem*, si ça peut flatter ton amour-propre d'humaniste, toi qui n'as plus rien d'humain que la forme, jusques à quand faudra-t-il te crier : cassecou dans tous les colins-maillards où l'on trouve toujours moyen que tu *le soies*.

Jusques à quand donneras-tu à l'univers étonné le spectacle de tes infirmités cérébrales et les preuves de ton manque de sagacité ?

Voilà un mois que je te surveille, et tu n'as pas encore manqué l'occasion de faire ou d'encourager une sottise.

Ma parole d'honneur, c'est honteux à dire; toi qui devrais être un vieux roublard chevronné par les innombrables scies qu'on a aiguisé à tes oreilles, tu es plus inexpérimenté qu'un goujon de sept semaines, tu mors à tous les lardons, tu cours à toutes les amorces et tu te piques à tous les hameçons.

Et presque toujours les malins qui enveloppent les gros sous dans le mépris qu'ils professent pour ta crédulité, ne sont pas dignes que tu le leur rendes.

* *
*

Il te faut du nouveau, gros blasé; tu te lasses de traîner ta satiété dans les sentiers battus de la ligne droite.

Sois tranquille, on t'en donnera, du vieux neuf; on te fera gravir des pentes escarpées où les ronces ont poussé depuis dix ans. On te fera descendre dans des précipices vertigineux où les immondices ont croupi.

Et quand tu auras sué toutes les sueurs de ton corps et tous les sous de ta poche, tu demanderas encore autre chose.

Ton appétit est un gouffre béant... tout y entre et rien n'en sort, car tu dévores; mais tu ne digères pas.

*
* *

C'est ta seule excuse!

*
* *

Depuis un mois, tu t'es pris de cet engouement fébrile, (épidémie de curiosité qui te décime périodiquement tous les quatre ou cinq ans) pour tout ce qui est petit format.

La publication t'importait peu. La mode te poussait, et tu achetais, tu achetais.... comme un boursier qui se *retourne*.

*
* *

Le papier rouge t'a d'abord séduit : cette couleur est attrayante, je n'en disconviens pas. —On s'en sert pour piper les grenouilles et les bonnes d'enfants; elle irrite les taureaux, et les moutons de Panurge s'en accommodent volontiers.

Celle-là était d'autant meilleure qu'elle déteignait aux doigts et que pour ses huit sous on pouvait afficher de glorieux stigmates.

Il est vrai que quelques délicats ont réclamé pour leur gris-perle, mais ceux-là, vois-tu bien, sont des poseurs qui veulent se donner les gants d'en porter.

*
* *

Après le papier rouge, tu t'es jeté sur du papier blanc, du papier bleu, du papier vert, du papier orange... Que sais-je, moi ! On voit bien que les percepteurs t'ont habitué à en voir de toutes les couleurs ; car tu ne t'es effrayé de rien.

* *
* *

Mais tous ces papiers-là se ressemblent, ou à peu près. Je mets le rouge à part, bien entendu ; celui-là, de par un dépôt de 30 mille francs qu'il a pu faire au Trésor, peut imprimer tout ce qui lui passe par la tête, et tu sais qu'il lui en passe de drôles... si tu y comprends quelque chose.

Il est venu alors un marchand de papier plus malin ou plus corrompu que les autres, qui a compris tout de suite que les choses ordinaires, sensées ou simplement indécentes ne flatteraient que momentanément ton palais, habitué à l'alcool des journaux nouvellistes et au piment des causes célèbres.

Celui-là a d'abord commencé par mettre sa marchandise à un prix très-élevé, puis il t'a promis pour ton argent de bons petits scandales pour en réjouir la famille... et de grosses infamies attribuées aux gens les plus en vue du domaine des lettres.

C'était à s'en pourlécher les badigoinces, comme dit Rabelais.

Aussi, toi qui es essentiellement bon, charitable et peu enclin à croire aux verrues des gens de plume, tu t'es jeté là-dessus comme sur le miroir de la société.

Mais ce miroir ne réfléchit pas, il ne fait même pas réfléchir.

*
**

L'élan étant donné, ton argent de poche se mit à exécuter des avant-deux avec les brochures accusatrices. Une autre parut, puis une autre !.. et toujours.

De sorte qu'aujourd'hui le marché est encombré de ces sortes de choses — que tu ne laisses point moisir ; et que les autres papiers, ceux qui, avant ce déluge, suffisaient à tes besoins, sont tout au plus bons maintenant à envelopper les feuilles *précieuses*, au risque d'être empoisonnés de leur contact.

*
**

Je veux te prouver, moi qui ai acquis à mes frais l'expérience de ces-choses là, que tu te laissses duper par des charlatans d'un ordre si inférieur, qu'ils ne feraient même pas recette à la foire de Castelnaudary.

Car il faut te le dire, public parisien, tu es le plus badaud de tous les publics.

Tu es bien fier de ce qu'on t'a étiqueté public spirituel, et tu ne t'es jamais aperçu que ceux-là même qui t'avaient infligé ce titre étaient ceux qui t'attrapaient.

Tout le monde n'est pas de la force de Mangin !

Les saltimbanques modernes te soutirent la pièce de 2 sous avec tous les égards qu'ils croient devoir à la bêtise, qui n'a d'egale que ton amour-propre.

⁎

Étudions séparément chacun des carrés de papier qui te disputent et se disputent en même temps, avec cette entente cordiale qui est l'apanage des impressarios de bas étage, qui *font* la même foire.

⁎

Ab jove principium. — Je continue à caresser tes souvenirs scolaires.

Commençons donc par la *Lanterne.*

⁎

LA LANTERNE

La nouvelle foudre de ce nouveau Jupiter qui ne partage pas avec l'ancien son affection pour l'aigle, est ce qu'on peut appeler une affaire bien lancée.

Les faiseurs de boniments t'ont roulé comme un barbillon dans la farine; tu n'y as vu que des chandelles, pauvre public. Tu regardes si peu attentivement, et depuis que tu portes des pince-nez, tu ne sens plus les perspectives, tu ne t'es seulement pas aperçu de la pose de la première pierre du temple où ton augure te *décime* quadruplement tous les samedis.

.˙.

T'en souviens-t-il maintenant : trois mois avant l'apparition du papier rouge qui te transporte, Rochefort a tout à coup cessé d'écrire au *Figaro*.

Ce journal qui disposait alors d'une publicité énorme, puisqu'il n'avait qu'à annoncer une chose, pour qu'elle soit aussitôt entonnée dans le pavillon de cent mille oreilles d'ânes.

Ce journal fit savoir que le gouvernement, défendant à Rochefort d'écrire désormais au *Figaro*, il allait fonder un organe à lui.

Tu n'as jamais réfléchi à la portée de celle-là, toi?

Vois-tu d'ici le gouvernement défendre à un Monsieur d'écrire dans un journal.

C'était raide, n'est-ce pas? du reste la première *Lanterne* a déplumé ce canard.

*
* *

Mais ce petit mensonge, assez innocent au fond, puisqu'il ne pouvait être cru que par des imbéciles, avait une haute portée.

Il commençait à poser Rochefort en martyr et lui faisait, en *bêtas agglomérés*, un piédestal que l'on consolida petit à petit par des réclames à jet continu pour la *Lanterne* qui...., pour la *Lanterne* que...., le papier rouge enfin.

Je passe par-dessus la publicité, les réclames, affiches et toutes les herbes de la Saint-Jean qui, après tout, sont de bonne guerre et j'arrive au grand jour.

Rochefort fonde sa lanterne. Le 1er numéro se vend comme une nouveauté prônée à grands frais; mais s'achète sans enthousiasme.

.*.

Le *Figaro* doit avoir des amis au ministère (puisqu'il s'y est trouvé quelqu'un pour le prévenir charitablement que la collaboration de Rochefort au *Figaro* déplaisait en haut lieu).

Je me sers d'une hypothèse qui est fausse pour moi, afin d'étayer mon systême qui est vrai… pour lui…

Bref! on obtint que la vente de la *Lanterne* fut défendue sur la voie publique.

Deuxième palme du martyre conquise à la pointe… du talent.

.*.

Le 2me numéro parut donc seulement

chez les libraires, qui sont vraiment les seuls organisés pour le débit des brochures.

Il se vendit beaucoup mieux, surtout, quand les plus pressés eurent découvert dedans quelques sarcasmes sur la famille Impériale, qui, grossis par les appréciations *intelligentes*, pouvaient à la rigueur passer pour des insultes à la reine Hortense.

*

L'affaire était donc lancée, il ne s'agissait plus que de la consolider.

Que fallait-il pour cela, faire *tuer* Rochefort par un ami du Gouvernement.

Il avait eu justement, quinze jours plus tôt, maille à partir avec le Prince de la Moskowa; l'occasion était donc excellente.

Aussi, deux jours avant la mise en vente du 3e numéro—le bruit courut que Rochefort était mort des suites d'une blessure dans l'Aisne.

Il s'absenta 48 heures, et alla, je crois, à Saint-Quentin, afin de pouvoir, au besoin, se sauver par un calembour.

***

Mais le public; toi, triple imbécile, qui crus que le gouvernement avait fait tuer Rochefort. tu te ruas sur le troisième numéro, et ce ne fut que quand la recette fut faite que tu appris qu'on s'était moqué de toi.

Cela ne te désenchanta pas, au contraire; ne découvris-tu pas sur la couverture de la *Lanterne* un rébus qui n'a jamais existé que dans ton imagination; rébus que tu traduis couramment par :

« Louis Napoléon à la Lanterne' » parce que la corde qui soutient la dite lanterne se trouve accrochée après l'L et l'N.

Es-tu assez spirituel ?!.

***

Et dire que c'est surtout à cause de cette explication tirée par les cheveux, mais colportée avec adresse, que tu accueilles avec tant de faveur le papier rouge qui ne te déteint pourtant plus aux doigts.

L'immense succès de la *Lanterne*, succès insensé, puisqu'à une époque où tu trouves le temps de te plaindre de la cherté du pain, tu peux faire gagner plus de vingt mille francs par semaine aux fabricants de cet engin d'éclairage, mit la puce à l'oreille à pas mal de bipèdes à plumes qui n'ont jamais vu vingt mille francs que dans les vitrines des changeurs.

Je ne parlerai pas des publications périodiques qui sont sorties tout à coup de sous presse, ce sont des journaux comme d'autres, si ce n'est qu'ils ont adopté le format à la mode.

Je ne veux m'occuper que des machines à scandale, de ces chiffons de papier qui n'ont d'autres éléments de succès que les mensonges et les infamies qu'ils débitent.

Par rang de date, vient *l'Inflexible*.

L'Inflexible est une espèce de journal qui,

de son autorité privée et de sa haine publique, s'est donné pour mission de traîner dans la boue tout ce qui jouit même d'une apparence de réputation.

Le Monsieur qui fait cela est une sorte de Polonais qui, après avoir servi dans la Légion étrangère, se mit dans la tête qu'il devait être journaliste.

Comme c'est le métier de ceux qui n'en ont pas, c'est le plus facile à prendre, et les antécédents n'y gênent pas du tout les succès futurs, quand on sait bien les faire passer.

Il commença par la *Rue*, ce n'est donc pas étonnant qu'il soit déjà au ruisseau.

Vallès prétend qu'il ne l'engagea que pour faire des paquets; mais il appert d'un tas d'explications qui ont assommé les lecteurs pendant 8 jours, qu'il était l'*Omnis homo* de la maison, signant les articles au besoin, et au besoin toujours, faisant semblant de tuer en duel un zouave pontifical qui n'a jamais existé que dans le déficit de la caisse du Journal.

Ce que, du reste, le Polonais avoue avec beaucoup de candeur.

Et voilà le monsieur qui se pose en in-flexible.

Après avoir débuté par ce qu'il a intérêt à ne taxer que de *gaminerie* — il revêt la toge du juge.

C'est à mourir de rire. De sorte que nous avons un gamin comme ministère public. Aussi quelles accusations!

Tous ceux qui connaissent ses antécé-dents sont passés au crible de sa haute im-partialité.

Tous ces gens là sont des filous, des es-crocs, des proxénètes.

Mais tous ces gens là ne l'intéressaient guère, Monseigneur l'ublic, ton engouement ne te permettait de voir que l'homme à la *Lanterne*

Le Polonais le comprit bien, et dans une deuxième avant-garde il entreprit la dé-molition en règle de Rochefort; mais sans garanties d'expropriation.

Il insinua que le farouche démocrate qui pose pour le noble, — avec les cocottes, — avait été bien aise de se servir de l'influence d'une actrice pour entrer à l'Hôtel-de-Ville.

Qu'il avait des rapports très-suivis avec Mlle Cora Pearl.

Il finit même par dire, mais dans un autre numéro, pour ménager les effets de sa vente :

Que des condamnations pour escroqueries avaient forcé la Chancellerie à lui interdire le port d'une décoration étrangère.

Rochefort ne prit pas la chose en plaisanterie, il ne répondit pas précisément ; mais il traita son adversaire de repris de justice, de mouchard et prétendit qu'il ne connaissait pas Mlle Cora Pearl.

En cela il eut tort ; car si avec l'esprit qui ne lui fait jamais défaut, quand il ne s'agit pas de lui, il avait dit à peu près ceci.

— On me reproche de me faire entretenir par Cora Pearl. Eh bien, où est le mal, et n'est-il pas tout naturel « que cette » grande dame, qui a conquis sur la plume » fortune et réputation, lui rende un peu » de ce qu'elle lui doit. »

Tu n'en aurais pas cru un traître mot ; tandis qu'à présent, tu as beau froncer le sourcil, tu y crois un peu.

Du reste, cela n'en vaut que mieux pour

ton idole. C'est une nouvelle palme que tu ajoutes à son *martyrat* politique... et social.

Mais ce ne sera pas la dernière.

.*.

A côté du Polonais non encore nommé (et sois tranquille, je n'y salirai pas ma plume) grouillait un autre monsieur qui ne pouvait pas décemment rester dans l'ombre.

Où la décence va-t-elle se nicher, bon Dieu!

Celui-là, taré comme écrivain par 300 volumes (il s'en vante) que personne ne connaît,

Taré comme citoyen par quelques condamnations correctionnelles, dont il ne se vante pas, n'avait rien à risquer dans la mêlée.

Il s'y engagea *bravement* par les *Impurs du Figaro*.

Tu as acheté cette élucubration parce qu'elle salissait un peu ton idole, je n'ai donc rien à t'en dire.

Rochefort encore la trouva mauvaise : il

a décidément le caractère très-mal fait ton dieu Rochefort; il veut bien insulter les gouvernants, les gouvernements, les morts, les mémoires consacrées; mais il ne veut pas qu'on touche à sa personne.

C'est de l'égoïsme que tu ne comprends pas, toi qui achèterais des blasphèmes contre ton père, tu en as bien acheté contre tes sœurs (deuxième N° de la *Lanterne*).

**

Rochefort donc la trouva mauvaise; mais ne voulant pas faire à ses adversaires l'honneur de les prendre à partie autrement que devant les tribunaux, il se rendit, armé de deux amis et d'une canne... plombée ou non, chez l'imprimeur de l'*Inflexible* et des *Impurs*, et n'en pouvant avoir raison, il lui administra deux soufflets que ses ennemis ont immédiatement traduits dans

LE CAS DE M. ROCHEFORT

et dans *Rochefort l'assommeur*, en coups de canne plombée.

Tu as encore acheté ces deux pamphlets qui disent absolument la même chose.

Mais, je dois l'avouer, tu as perdu une magnifique occasion de dorer une nouvelle palme pour ton martyr officiel.

Le ministère public n'a pas voulu le poursuivre pour coups et blessures ; ses adversaires avaient pourtant plaidé la préméditation et réclamé l'application de certains articles du Code pénal... dont ils connaissent les numéros.

Peine inutile. Aussi voyant cela, et réunis maintenant pour commettre l'*Inflexible* une fois par semaine... ils ont prétendu que Rochefort n'était pas poursuivi parce qu'il appartenait à la police.

Très-joli, n'est-ce pas ?

Aussi retrouves-tu là, la palme que tu croyais avoir perdue.

Dores-la-bien, celle-là, entrelaces-la même de bouquets de fleurs, car tu auras du mal à la faire avaler à ton idole. Je t'en avertis.

***

C'est un coup de massue pour lui, que cette non intervention du procureur impérial. — Aussi est-il allé voir M. de Gonnet, toujours avec deux amis, mais sans canne, cette fois, pour tâcher de faire grossir l'affaire.

C'est qu'il a peur que tu n'entrevoies là-dedans une protection occulte qui le gênerait sur son piédestal.

On l'a menacé de lui rendre l'estampille et la vente sur la voie publique. Tu as vu comme il a jeté les hauts cris; il les a même refusées d'avance, comme la décoration, — qu'on n'a pas encore songé à lui offrir.

Mais il aura beau faire, le gouvernement sera gentil avec lui.

Il lui doit bien cela, du reste.

Ce n'est pas une plaisanterie, Rochefort

rend indirectement, avec sa *Lanterne*, plus de services au gouvernement que tous les journaux officiels et officieux réunis.

D'abord parce qu'il est très-lu ; secundo parce que tous les frondeurs qui le dévoreront hebdomadairement seront bien obligés, et si bornés qu'ils soient, de se dire, quand ils auront fini :

« Il n'y a donc pas de critiques sérieuses à adresser au gouvernement, puisque Rochefort, qui est un malin, et qui peut se flatter d'être un véritable ennemi, — puisqu'il s'est posé en opposant systématique, ne trouve à dire que des bouffonneries tellement exagérées qu'on ne saurait s'y arrêter. »

* *

Les Tribunaux nous donneront bientôt le mot de la fin de tous ces *échos*.

* *

En attendant, le Polonais et son complice

préparent de nouvelles brochures, sur lesquelles tu vas encore te jeter avec la même imbécilité.

Pourtant, qu'ést-ce qu'ils t'ont appris, ces insulteurs, — touchant ton idole ? — Je ne veux pas m'occuper de leurs attaques contre un certain Prussien qui fatigue depuis longtemps les lecteurs du *Figaro*, parce que celui-là, Dieu merci, ne t'intéresse pas du tout.

Mais qu'ont-ils dit de Rochefort ? toujours la même chose; ils t'ont déjà vendu six fois les mêmes accusations avec promesses de preuves, et ils t'ont jamais donné de preuves.

Et remarques bien qu'ils n'ont servi qu'à lui. — Ils ont battu autour de cette réputation qui va tellement grandissant qu'un de ces jours, tu verras cela, tu la laisseras retomber brutalement — leur grosse caisse, empoisonnée, soit; mais la peau d'âne résonne tout de même sous leurs rudes attouchements, et les pièces de deux sous viennent leur faire, à eux aussi, un budget qui ne serait pas indigne d'une danseuse de corde.

Tu t'égares, ô public, tu fais une dotation... littéraire à des malheureux qui feraient tout plutôt que de la littérature; tu leur fournis la boue avec laquelle ils t'éclabousseront le jour où tu seras sourd à leurs appels de pitres.

Je ne parle en ce moment que du Polonais et de son associé; car il n'y a, Dieu merci, pour les lettres qui s'honorent de le posséder, aucune comparaison à établir entre Rochefort et ses détracteurs.

Ils diffèrent essentiellement par la forme; il n'y aurait que de vagues rapprochements à faire pour le fond. Mais quand au résultat pécuniaire, celui qui te concerne, ce n'est pas tout à fait la même chose.

Et si cela continue encore quelque temps, tu seras bientôt autorisé à te tenir à peu près ce langage :

« Voyons, voyons. Voilà des gaillards qui nous font acheter leurs productions l'une après l'autre, l'une par l'autre, et presque l'une pour l'autre.

» Ne serait-il pas possible qu'ils s'entendissent ainsi — tacitement ou volontairement — pour nous faire donner nos gros sous, qu'ils s'en vont ensuite partager, en se moquant de nous, dans le... bruit du cabinet... particulier? »

Mais non, tu ne te diras jamais cela; tu es trop bon enfant pour t'arrêter à cette idée, trop malintentionné pour faire bon marché des prétendues turpitudes qu'on te dévoile, et trop vicieux pour ne pas les croire.

Et, tiens, vois-tu, ce n'est même pas toi, badaud de Paris, qui achèteras ceci.

Cela ne t'amuserait pas, du reste; car je ne dédie qu'à ceux qui sont susceptibles de bon sens et d'honnêteté les doléances de

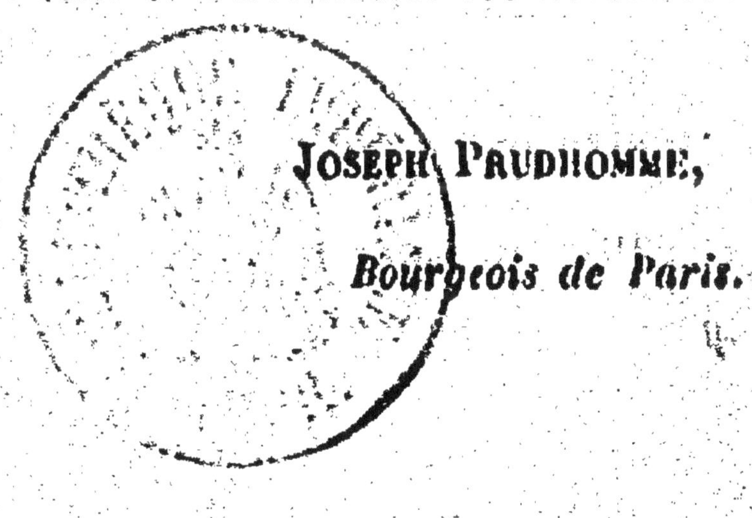

JOSEPH PRUDHOMME,

Bourgeois de Paris.

Paris. Imp. Turbo et Juvel. 9, r. des Miracles

BUREAUX DE VENTE :

Chez **ARMAND LÉON ET Cie**

Rue du Croissant, 21,

PARIS.